Little Alien says: You can decide whether or not to buy this puzzle book

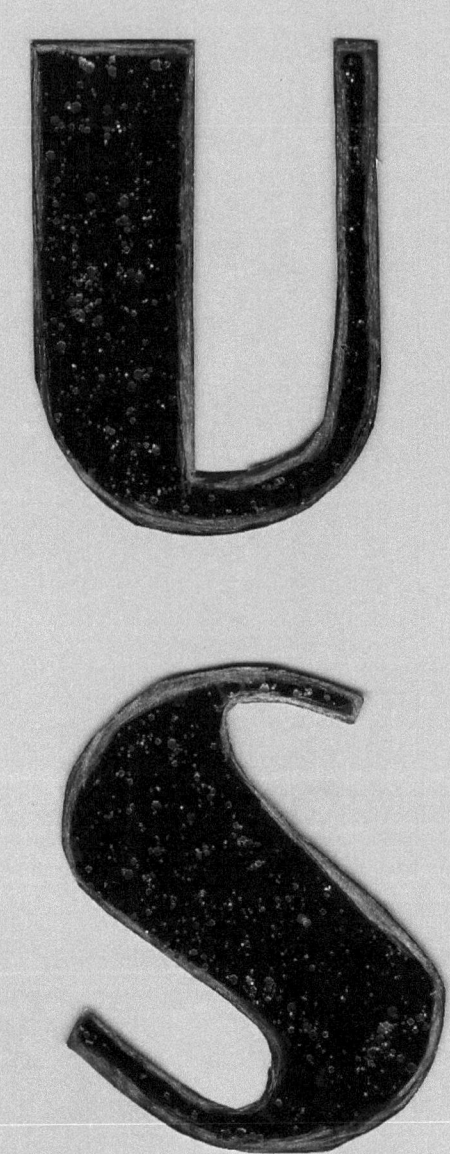

Part one

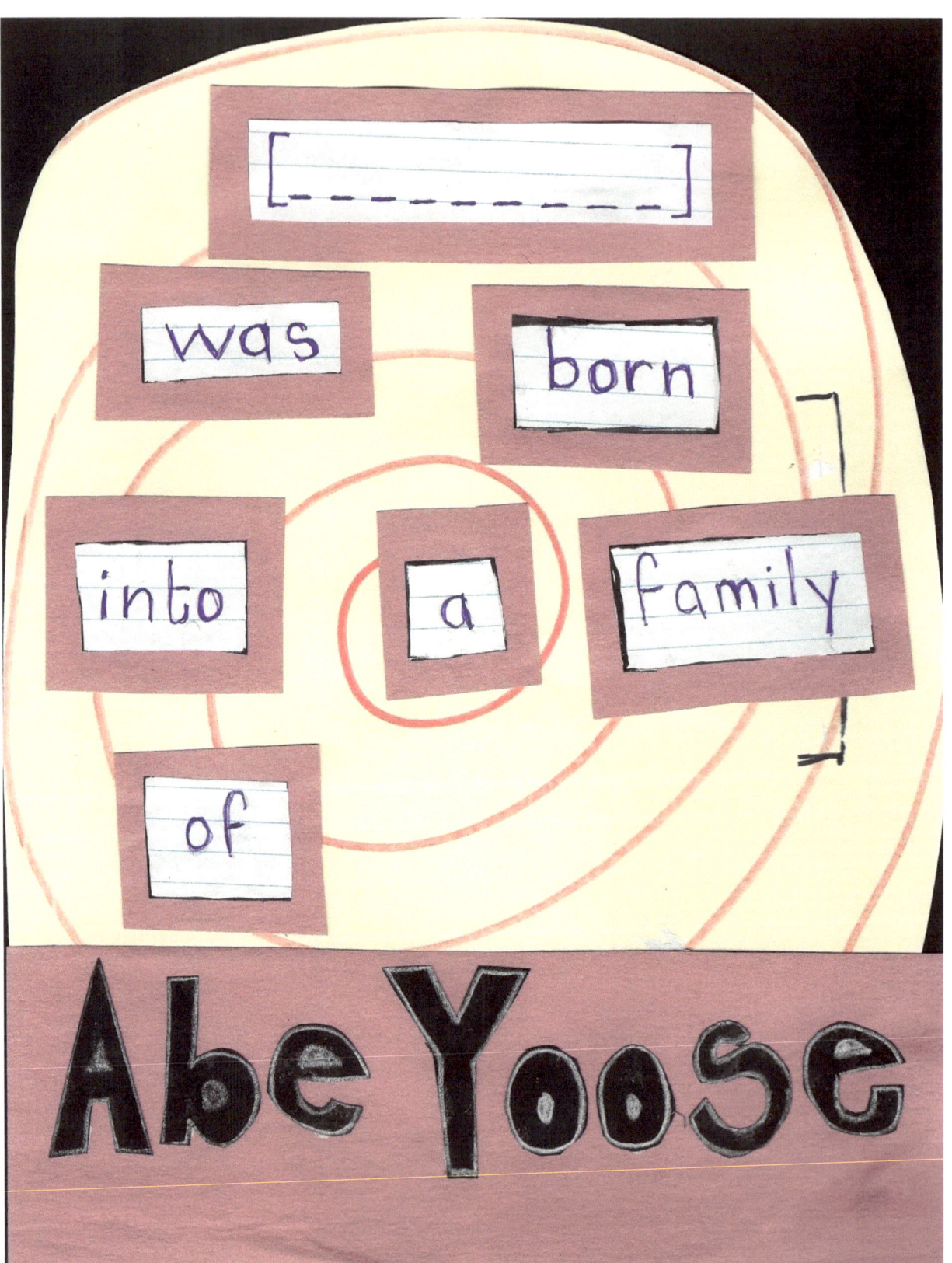

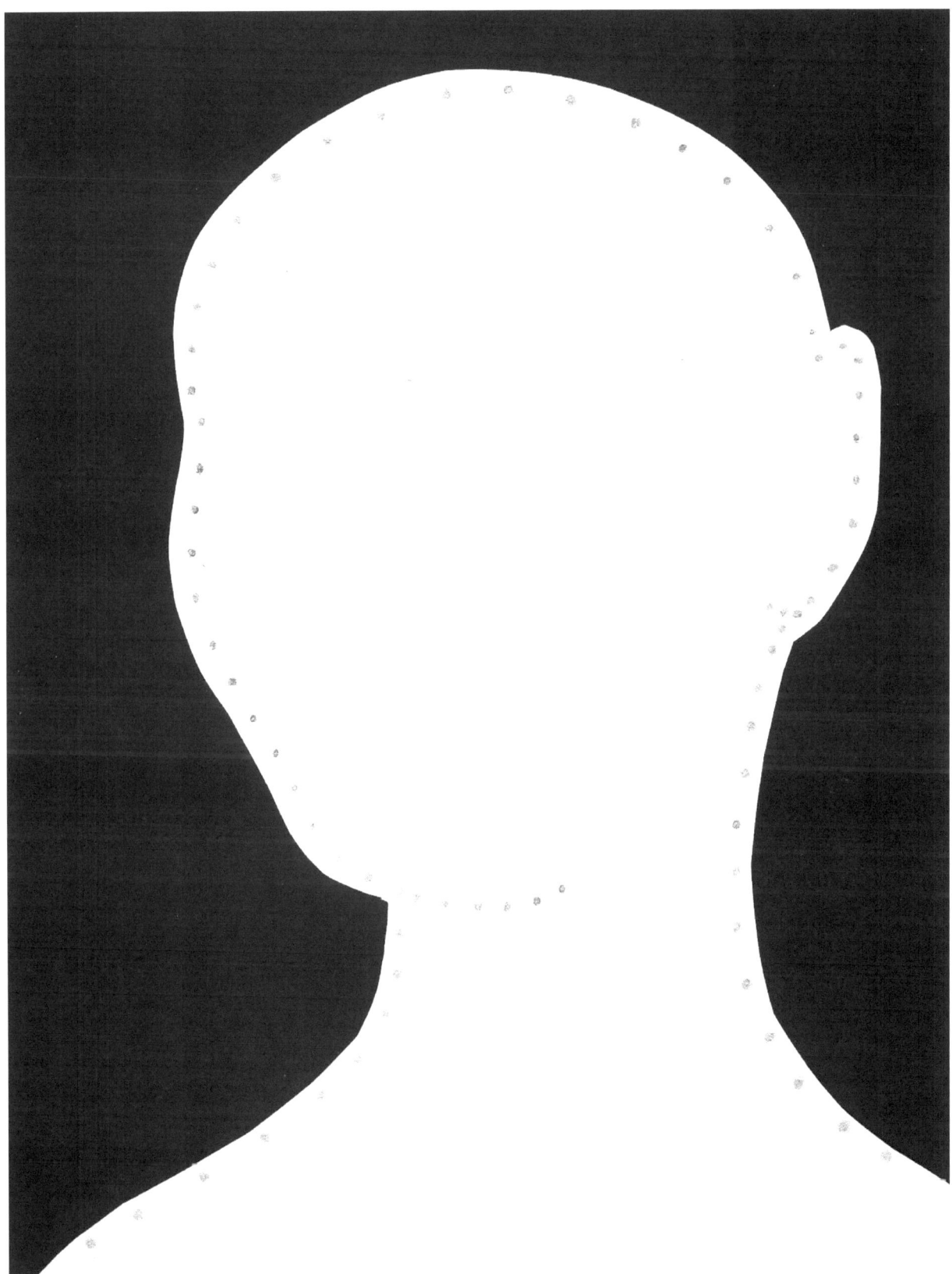

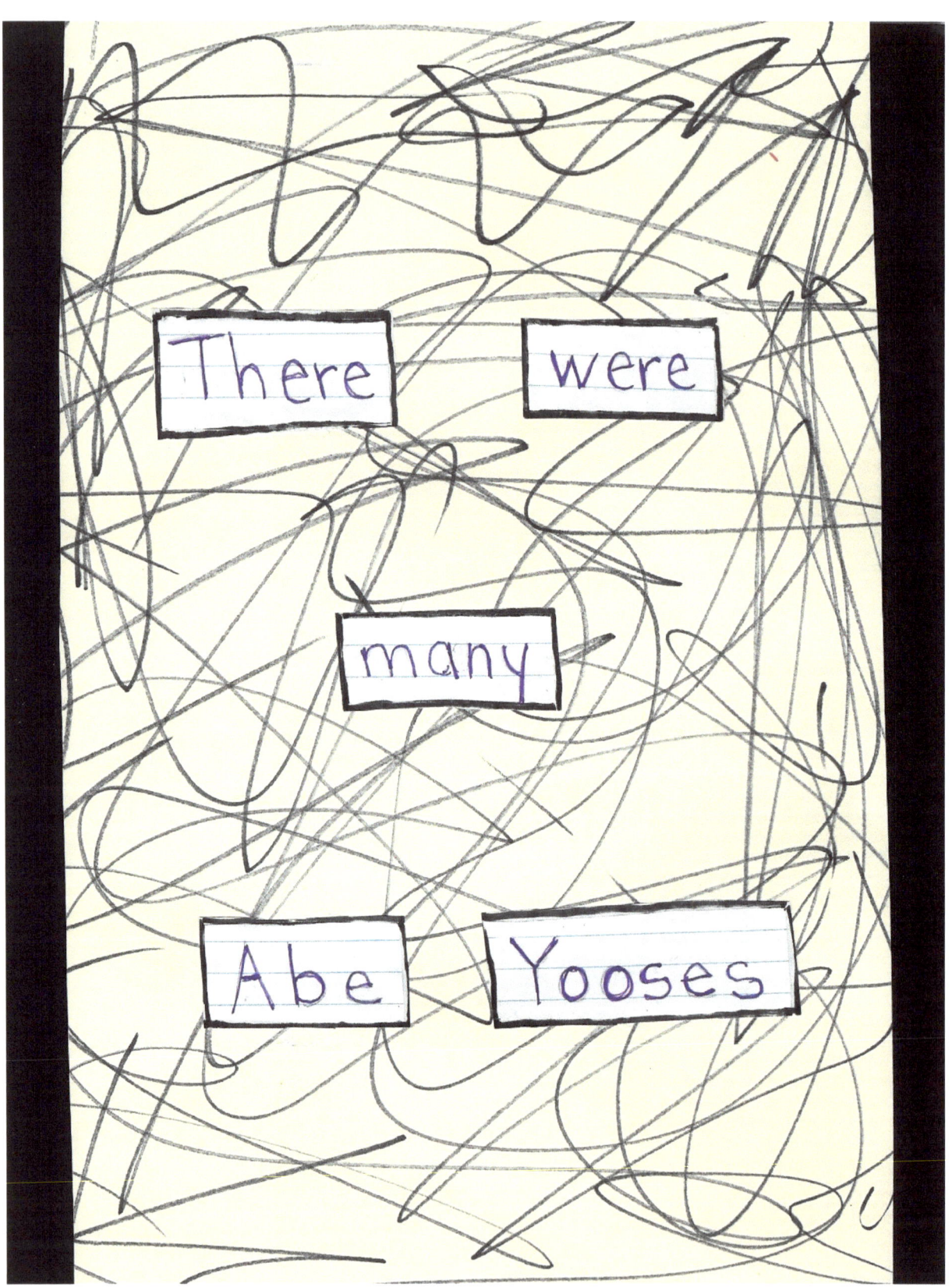

mostly Men Tall

Some Abe Yooses were Loud

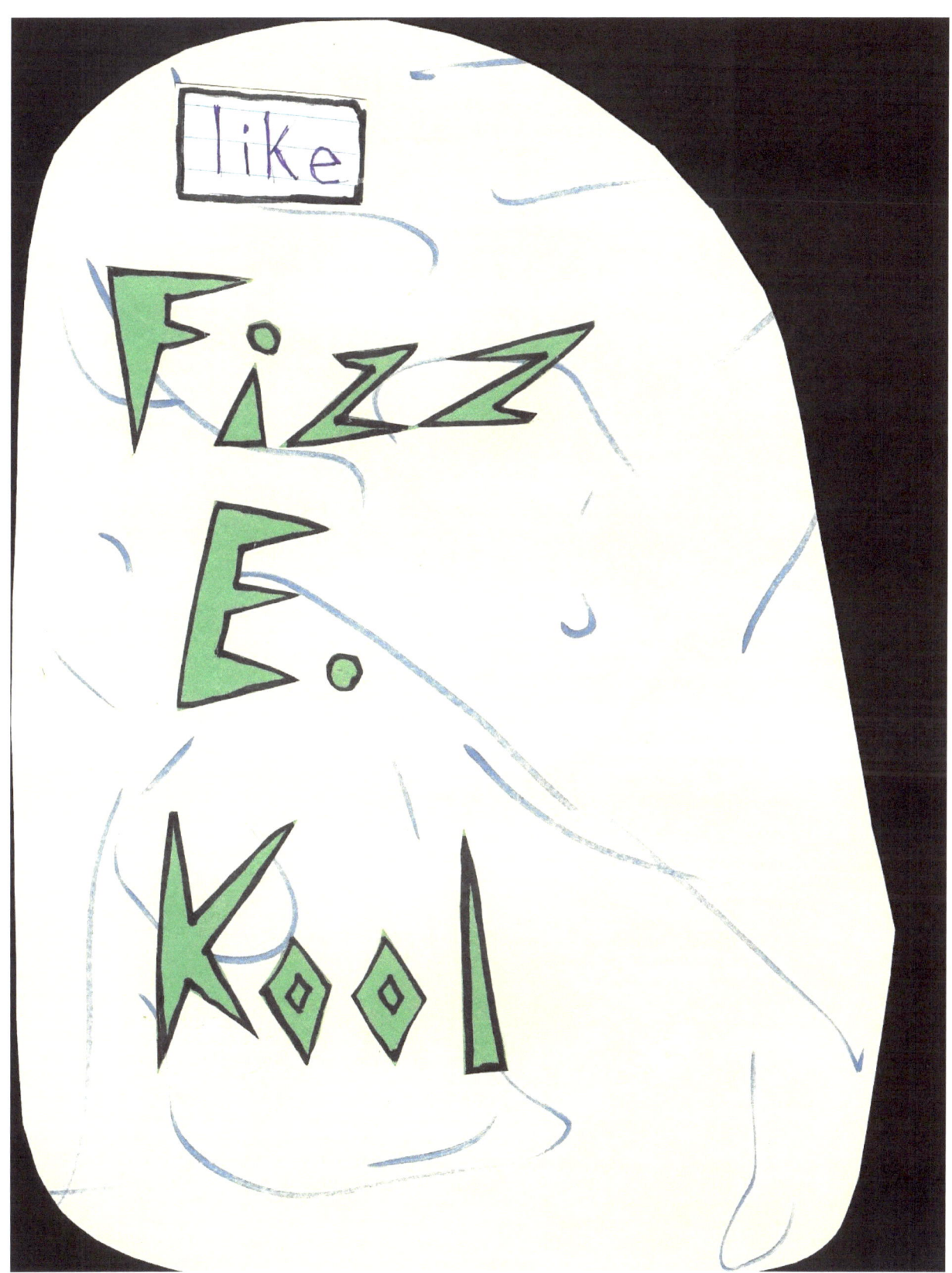

Some were quiet

LIKE FINE Aunt Shel

But the quietest Abe Yoose of all was the one whose name

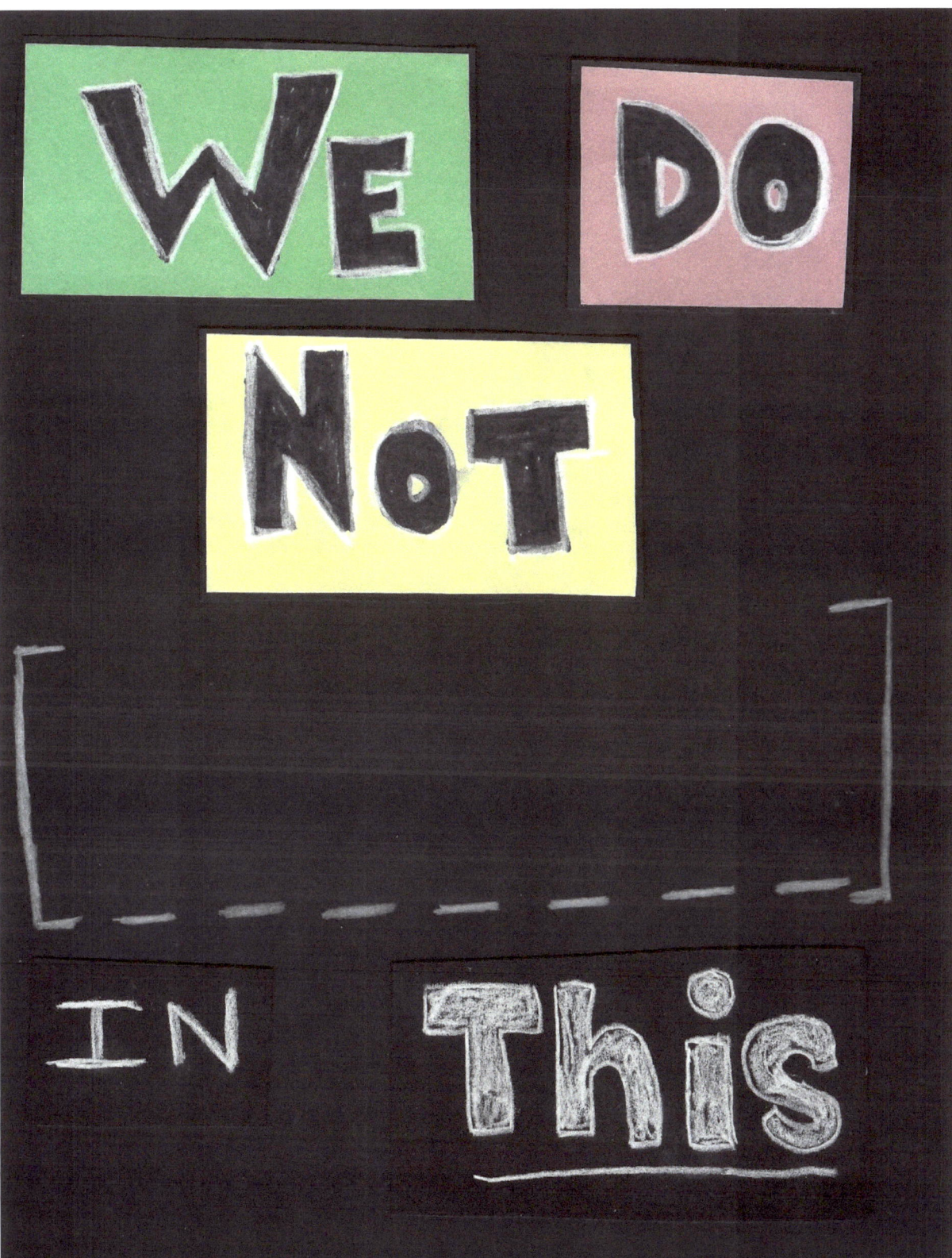

M.A.S.H.

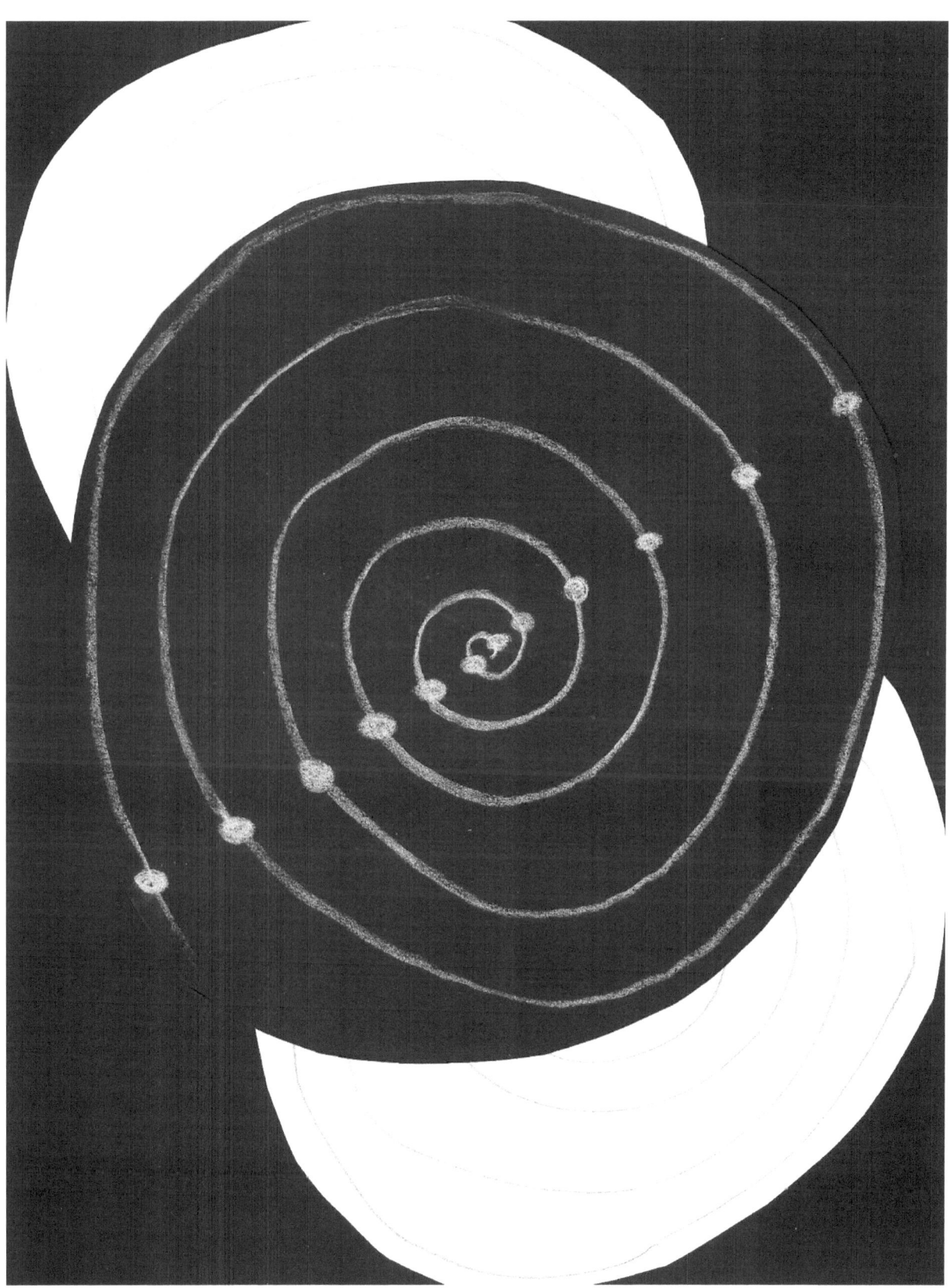

Who Am I?

1 ____, __ _____ ____ ____ _____ _____.

2
I'm _____.
_____ _____ __.
_ ____ ___.
_____ ___.
Love,
A __s___d___ of ____, _____ _____.

3 I grew up in a/an M.A.S.H.

4 Where there were ___ ____ _____ _____ ____ _____ _____.

5 As a result, I had a/an _____ _____

and a/an

6 _____ _____.

7 All were told to fear one thing: _____ _____.

8 But, __ _____, _____ _____.

To be continued...

1.

Wilma Pear's Aunts came from Wyatt Prave Village.

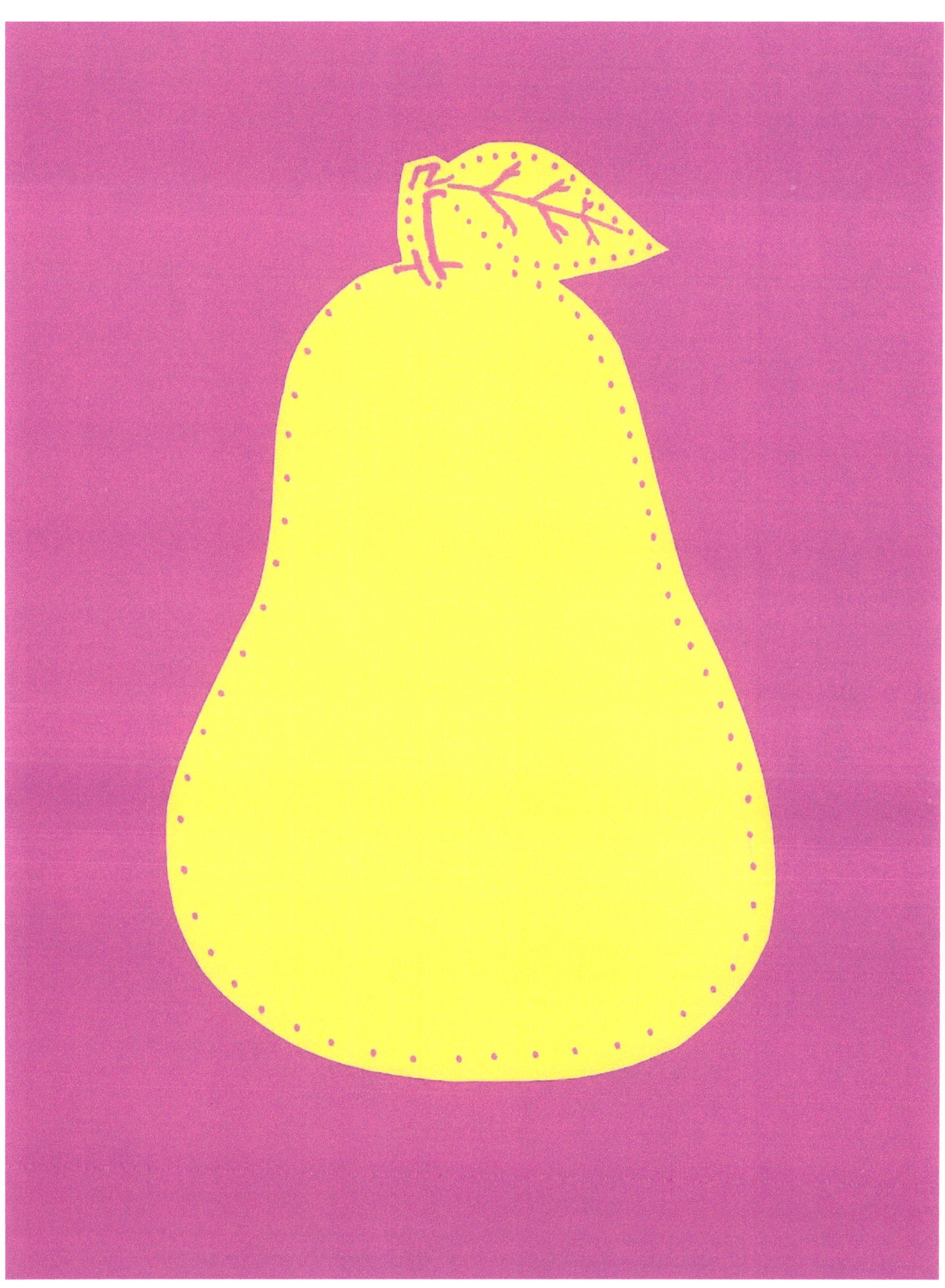

2.

I'm
rosy r.
les pea
more vegfi.
evoluioy.
yo hank tu.

Love,

sendnedcat chir withe sasholes.

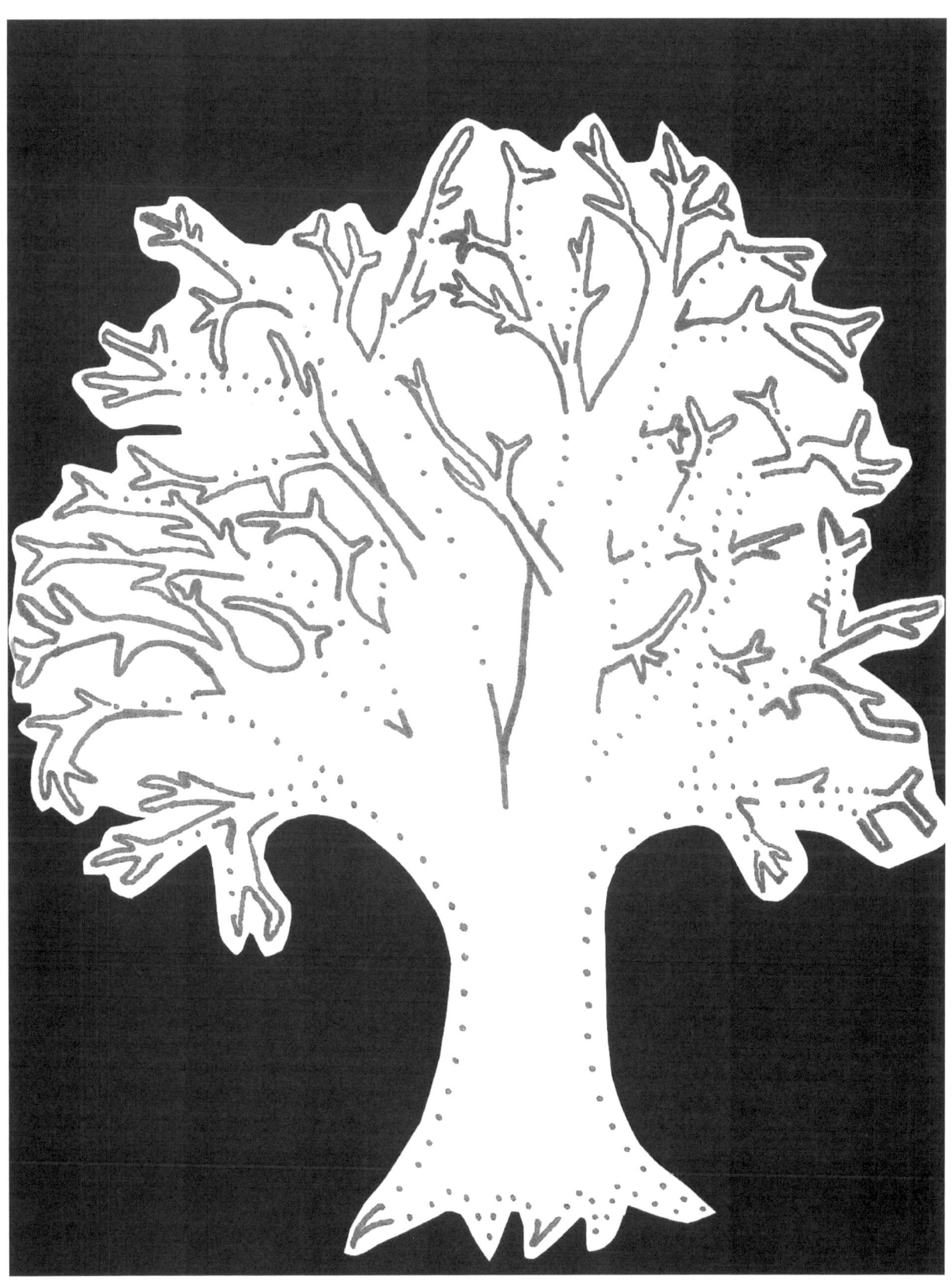

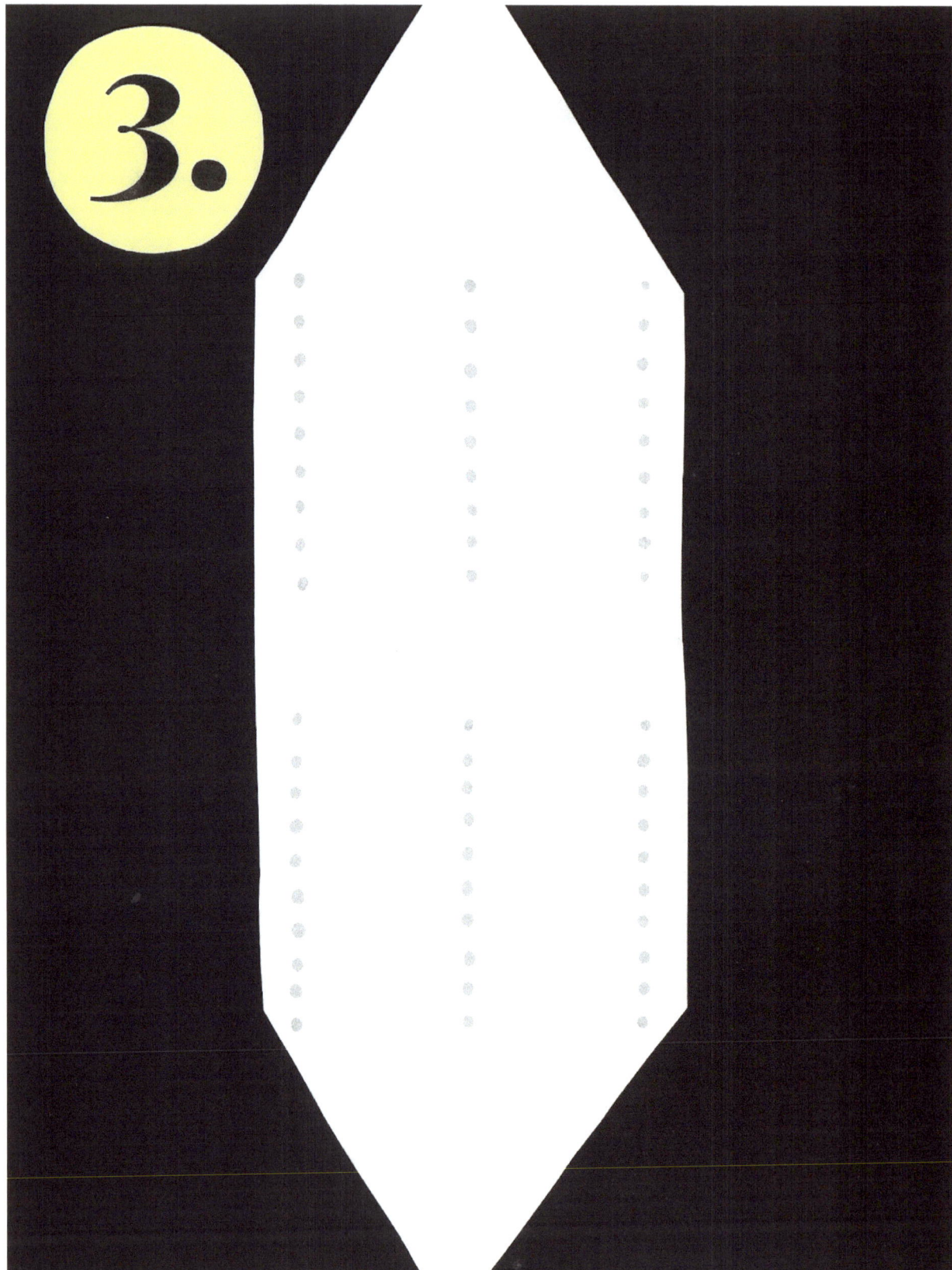

$$a = b$$

$$b = c$$

$$c = ?$$

Not Hovel Larry S.

Czc oqdesdr sgd sdql "gnudk" sn rgzbj. Sgzs'r vgzs gd bzkkdc sgd svdmsx-xdzq-zazmcnmdc vhmdqx gd khudc hm vgdm Fqzmclz ozrrdc zvzx zs mhmdsx-ehud (xdzqr zesdq Lnl ehkdc enq chunqbd) zmc sgdqd vzr mnvgdqd dkrd enq ghl sn fn.

Zkk sgzs vzr kdes ne zmxsghmf vzr sgzs khsskd gnudk, nm sno ne z knmdkx ghkk, rszmchmf szkk zr dudqxsghmf zqntmc hs adbzld rnldsghmf rn cheedqdms sgzm vgzs hs nmbd vzr.

H'l rtqd hs'r tmqdbnfmhyzakd mnv, ats H enm's bzqd sn fn rdd. Hm lx lhme, sgd ldlnqx ne hs qdlzhmr sgd vzx hs vzr adenqd Czc lnudc hmsn zrrhrsdc khuhmf--khssdqdc vhsg ehksdqkdrr bhfzqdssd atssr, dlosx ansskdr ne bgdzo fhm, nkc ennc, udqx dwodmrhud (lnrskx aqnjdm) dptholdms, zm zazmcnmdc bzs nq svn, zmc bzqdkdrrkx rbzssdqdc rszbjr ne hmcdodmcdmskx vqhssdm, hmcdodmcdmskx qduhdvdc, hmcdodmcdmskx dchsdc, zmc hmcdodmcdmskx otakhrgdc rbhdmbd annjr.

4.

Tom Moony chilled when witty Moe shunned Aly Shoes.

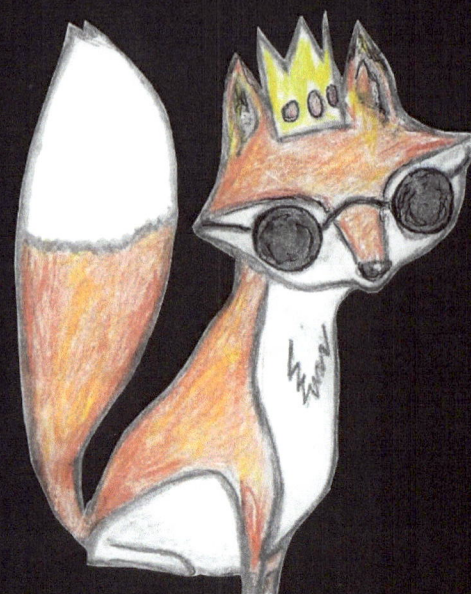

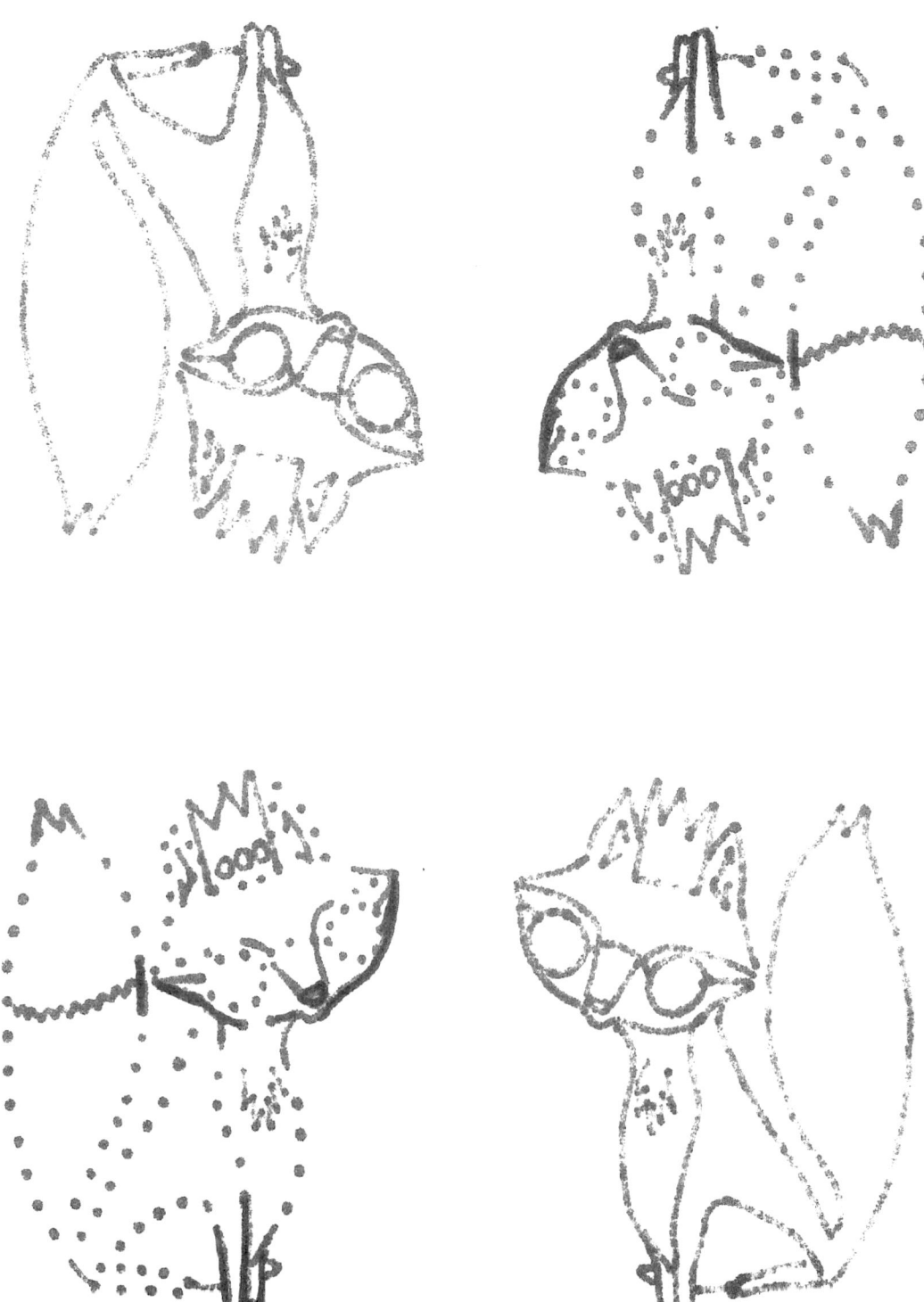

Ned Glee liked __ __ w __

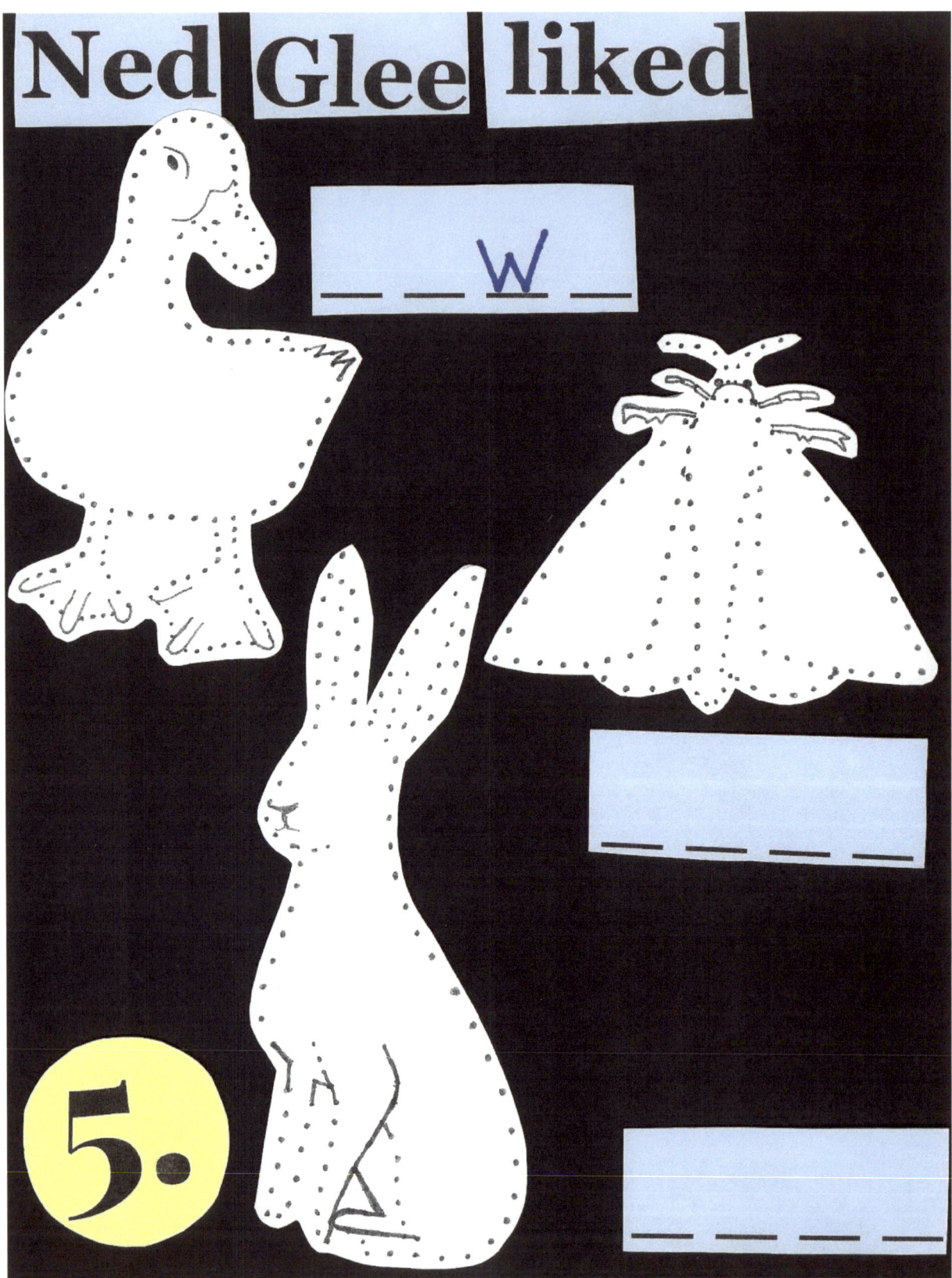

5.

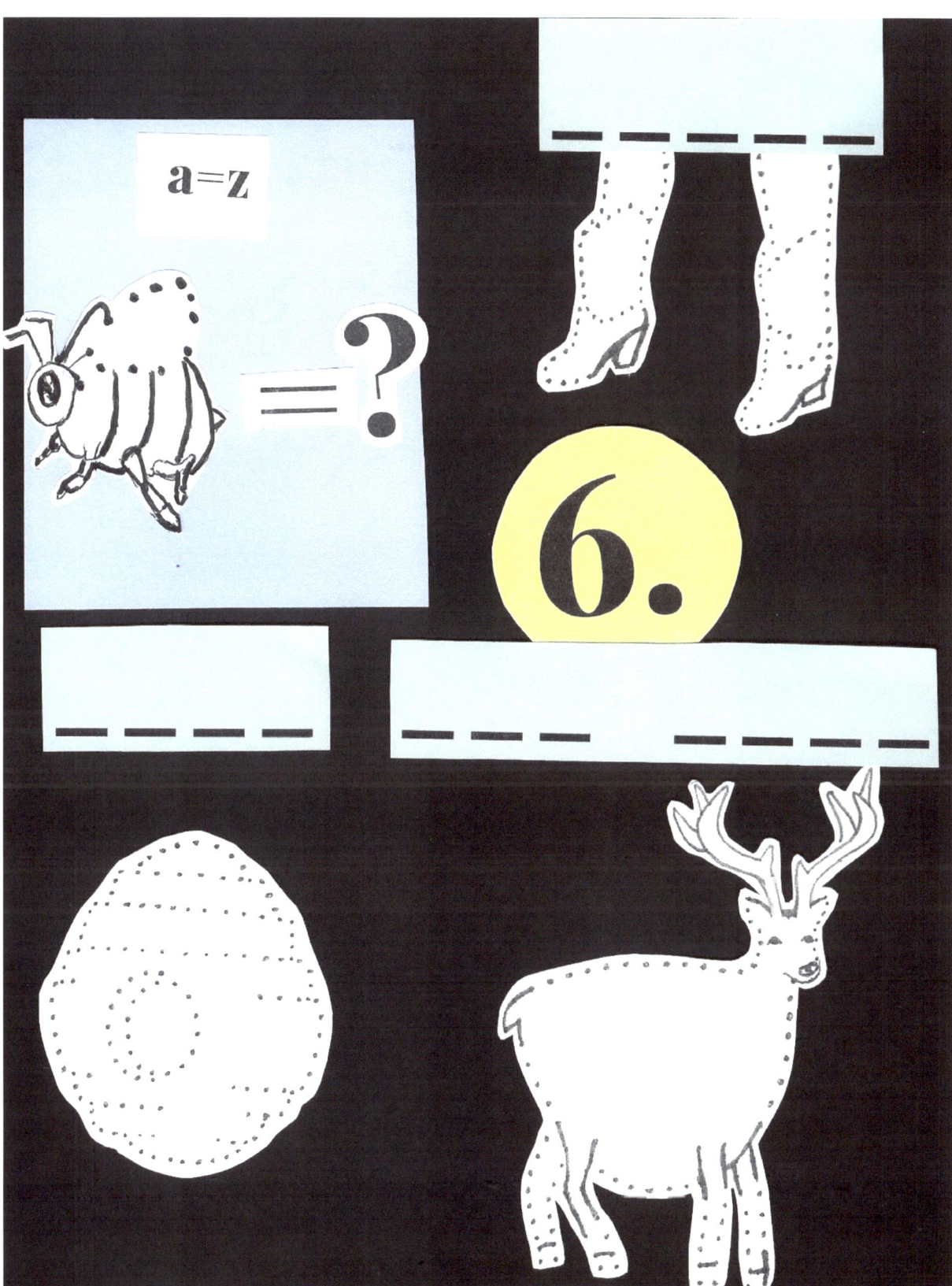

$$a = z$$

$$b = a$$

$$c = ?$$

2 Niblings

...vmm-tjcmjoh eftdsjcf uif iboe J

8 fe bgufs Dbob pg Hbmjmff, uif
oufs joup xjof.

6 ...o ctuxffo nz qbstout. Ebe ibe cffo
...fso xfst ofbsmz npn'z bhf,
...vme

4 ...iif ibnrfst boe sftbst, boe xjfo xf
...spnjfjoh qspqfsuz, xjfo xf qbsife
...ou xjsi xifo fwfszcpez xbt mjwjoh
...xbt vogpsuvobufmz qmbdfe.

1 Older N...
Uif xbz npn boe nz fmeftu g...

3 ...xbt efbmu (ps xibufwfs) jt uibu J x...
...J xbt uif pof npn xbt qsfhob...
...po uif cvt, xifo xf npwfe up pvs qs...
...uif usbjmfs, xifo xf qvmmfe pvu ...

5 ...tubsufe cvjmejoh b esfbn uibu xp...
...vmujnbufmz ofwfs dpnf usvf.
...J xbt uif tjyui pg ojof dijmesf...
...nbssjfe cfgpsf, boe ijt gjstu dijme...

7 ...mfbwjoh nt xjui ojcmjoht nz pxo.
...Ju xbt Dbob Wjofzbset, obn...
...mpdbujpo pg xijdi Kftvt uvsofe xb...
...qx afpsa Kftvi ipjx 6d odfnqbdm

Cut out the rectangles and put them in order.

zabcdefghijklmnopqrstuvwxyz

... possibly. With other ingredients. Over a long period of time.

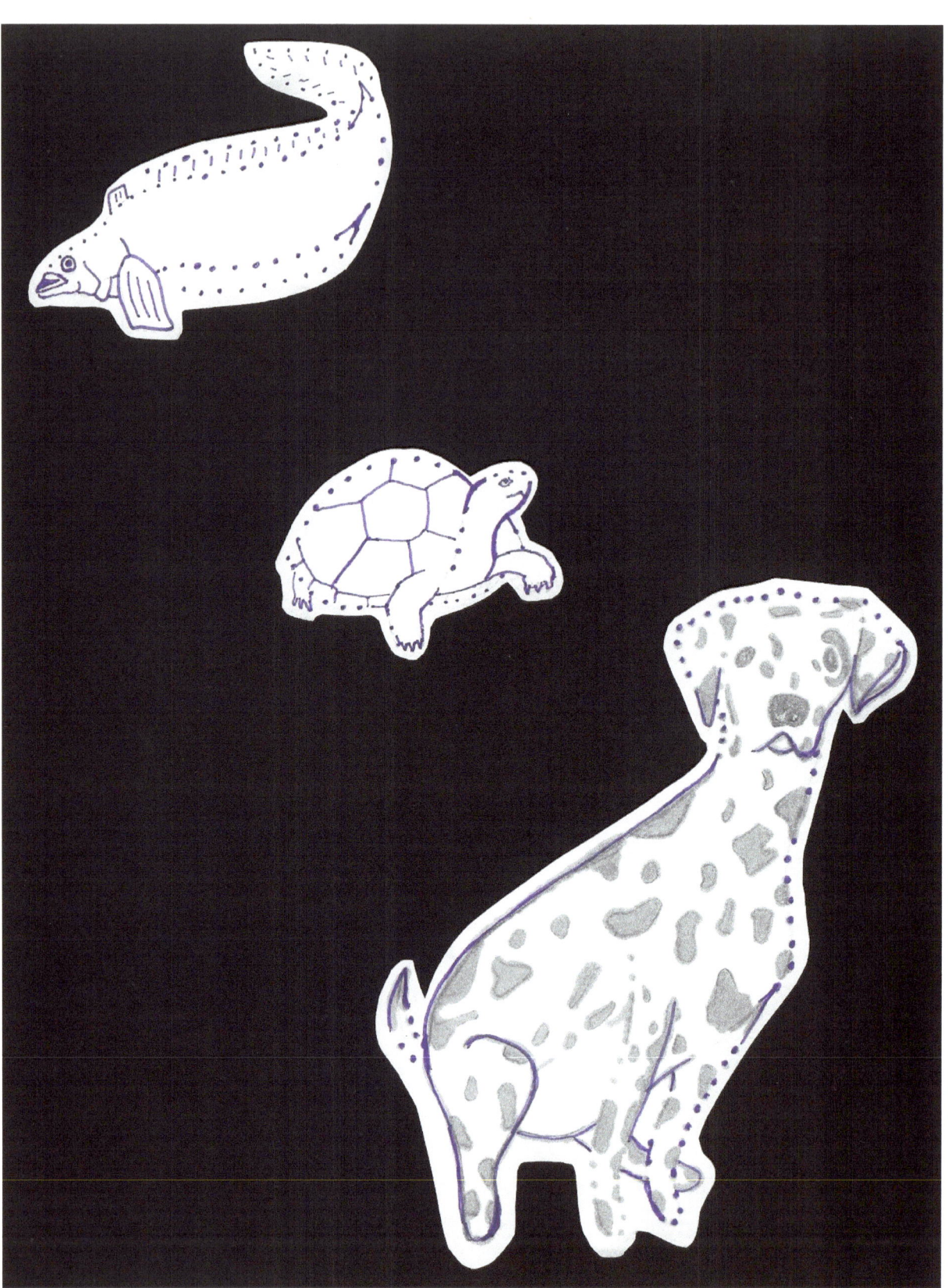

Henry A. Letty feared Everett Thin.

8.

$$a = z$$

$$b = a$$

$$c = ?$$

H gzc z cqdzl sgzs H vzr zs sgd

z chrszmbd zr z fqnto ne ldm rsz

zmnsgdq, nm sno ne zmnsgdq. Z

9

Fgheehsŕ

Btd sgd

10

rzx H.L.O.O?

21

9

kdssdqr enqvzqc svn.

ne rnmf

vnqjhmf zmc rsrqsdc rgnvhmf dz
Sgdx vdqd zkk rodzjhmf sgd rzld
sgd snvdq.
H.L.O.O.

12

O.R. Chc xnt

20

UQ.
nake sense.l

2

17

Rgnv sgdld

d Zntcx

Was

4

rdbshnmr H sdkk xnt sn khrsdm

Oqdzlr

Own Lee

7

zabcdefghijklmn

14

zabcdefghijklm

All I said

Rtd aaa

22

zyxwvutsrqpo

order

15

nopqrstuvwxyz

d Zmex

bg nsgdq cheedqdms annjr.

kzmftzfd, ats rsnoodc athkchmf

13

18

vghr

snvdq ne Azadk. H vzsbgdc eqnl
bjdc rsnmdr. Nmd nm sno ne
Zesdq z vghkd, sgdx rsnoodc

10

4:05 - dmcjnbcvaafgnkkkkiu8ii,,,
5
ltrs jhcchmf hs vzr z=a. Lnud zkk

1

IQ.

[it doesn't n

opqrstuvwxyz

N. Dreams

8

3

Nmd qtkd: nmkx khrsdm sn sgd

Vddydq - Aktd Zkatl - Nmkx hm

sn.

skd.

19

In order to book, ple... would ...decorate a... all the ...pages that... look better...

Who Are You?

www.ingramcontent.com/pod-product-compliance
Lightning Source LLC
Chambersburg PA
CBHW051220220526
45473CB00003B/1115